CHAPELLE SÉPULCRALE DE DREUX.

CHAPELLE SÉPULCRALE
DE DREUX.

DESCRIPTION DE LA CHAPELLE DE DREUX
ET DES SÉPULTURES QU'ELLE RENFERME.

PARIS.
IMPRIMERIE DE FAIN ET THUNOT,
Rue Racine, 28, près de l'Odéon.

1847

CHAPELLE SÉPULCRALE
DE DREUX.

La ville de Dreux, à vingt lieues, ou quatre-vingts kilomètres au sud-ouest de Paris, sur la route qui conduit à Brest, était autrefois le chef-lieu du pays auquel elle a donné, ou dont elle a reçu son nom. Déjà renommée dans l'histoire de France par un grand nombre de hauts faits militaires et par plusieurs hommes distingués nés dans ses murs, elle vient d'acquérir un nouveau degré de célébrité par l'établissement récent de la sépulture des princes et princesses de la dynastie régnante.

La ville de Dreux.

La chapelle sépulcrale de Dreux, nouvellement bâtie et dont les plans ainsi que les dessins sont ci-joints, avait été primitivement fondée en 1815 par les ordres de S. A. S. madame la duchesse douairière d'Orléans, en remplacement de l'église collégiale de Saint-Étienne qui avait été détruite en 1793, et qui faisait partie des dépendances de l'ancienne résidence des comtes de Dreux.

Premières constructions de la chapelle de Dreux. 1816.

CHAPELLE SÉPULCRALE DE DREUX.

Cet édifice avait d'abord été disposé de manière à recevoir les dépouilles mortelles des princes et princesses de la famille du duc de Penthièvre, qui ayant été précédemment enterrés dans la chapelle Saint-Louis de l'église paroissiale de Saint-Lubin à Rambouillet, rapportés ensuite par le duc de Penthièvre à Dreux en 1783, puis profanés et dispersés dans les funestes jours de 1793, avaient été péniblement recueillis en 1814 par les soins de la duchesse douairière d'Orléans, lors de son retour en France.

Cette première construction, monument de piété religieuse, a été par suite considérablement augmentée, puis terminée et solennellement consacrée, en 1843, par le roi Louis-Philippe I", aux mânes des princes et princesses de la famille d'Orléans, dont il est le chef.

Ainsi la chapelle sépulcrale de Dreux remplace aujourd'hui l'église de Saint-Denis, elle sera désormais la sépulture des rois de France et de leurs descendants.

Disposition générale de la chapelle.

Cet édifice, construit presque entièrement sous le règne présent, domine toute la ville de Dreux et ses alentours dans une grande étendue. Sa situation est des plus remarquables. Le caractère particulier de son architecture, à l'extérieur comme à l'intérieur, l'élévation imposante de son dôme qui brille au loin de tous côtés au-dessus de la ville, les vieilles tourelles, les anciennes murailles qui forment son enceinte, les énormes vestiges de la grosse tour du vieux château, que l'on appelait le donjon, et qui est devenue le centre principal de l'habitation royale; l'élégance ainsi que l'ingénieuse disposition des constructions nouvelles, la variété infinie et la délicatesse des sculptures qui décorent les façades tant au dehors qu'au dedans, les brillantes peintures sur verre dont la perfection surpasse ce qui a été fait jusqu'ici de plus beau en ce genre, enfin tout ce dont se compose l'établissement de la chapelle sépulcrale de Dreux, produit à la première vue un effet extraordinaire. Chaque jour, de plus en plus, la foule des curieux et des connaisseurs s'empresse de venir de toutes les parties de la France et de l'étranger pour admirer ce magnifique monument, et pour y rendre religieusement hommage aux rares vertus du souverain auquel la France doit la prospérité dont elle jouit et au prince qui, dans un but de la plus haute sagesse, a fait ériger, à grands frais, pour lui et les siens, ce merveilleux ouvrage.

Fasse le ciel que la divine Providence, dont la protection signalée s'est souvent manifestée de la manière la plus évidente, et qui a tant de fois veillé à la conservation des jours du roi Louis-Philippe, daigne les prolonger longtemps encore, et qu'elle ne veuille pas de sitôt changer en regrets éternels les *vivat* et les bénédictions dont partout le souverain de la France est entouré!

CHAPELLE SÉPULCRALE DE DREUX.

Description des ouvrages exécutés.

Ayant voulu entreprendre de rechercher l'origine du comté de Dreux et de faire connaître en détail les particularités de la sépulture royale dont cette ville est dotée, nous pensons qu'il serait superflu et peut-être hors du sujet que nous traitons de remonter aux temps anciens jusqu'en 1152, époque à laquelle Robert de France, quatrième fils de Louis le Gros, fut mis en possession du domaine de Dreux, et prit le titre de comte de Dreux, lequel étant passé, après lui, successivement dans les familles de Soissons, de Carignan, de Nemours, de Vendôme, a été réuni, sous Louis XIV, au domaine de la couronne, puis donné par ce monarque aux enfants de madame de Montespan. Nous parlerons encore moins de l'invasion des Anglais en 1421, ou de la bataille de Dreux, commandée par le connétable de Montmorency, contre les huguenots, sous Charles IX, en 1562, ni du siége de Dreux par Henri IV, en 1593; ni de tant d'autres faits historiques dont la ville et ses alentours ont été en différents temps le théâtre. Nous bornerons notre travail au récit succinct des choses qui nous concernent et à l'explication de celles qui pourraient avoir quelque rapport avec les constructions de l'établissement que nous allons décrire, en ne partant toutefois que de l'époque à laquelle le duc de Penthièvre ayant été mis en possession du domaine de Dreux, par la succession de son père le comte de Toulouse, l'a laissé à son héritière unique S. A. S. madame la duchesse d'Orléans, sa fille.

CHAPELLE SÉPULCRALE DE DREUX.

Le roi Louis XVI ayant proposé, en 1783, au duc de Penthièvre, qui était propriétaire du domaine de Rambouillet, lequel rapportait environ 600,000 francs, de le lui céder pour augmenter l'étendue de ses chasses, le duc n'hésita pas; il s'empressa d'en faire hommage au roi, ne mettant à cet abandon aucune condition autre que celle de faire enlever les cendres de ses ancêtres enterrées précédemment dans la chapelle Saint-Louis de l'église de Rambouillet. Il reçut en échange le château et les bois de la Ferté-Vidame, que l'on acheta de M. Delaborde, banquier de la cour, plus le château royal et la forêt d'Amboise qui faisaient partie du domaine de la couronne.

Vente du domaine de Rambouillet, en décembre 1783.

L'acte de cession du domaine de Rambouillet, qui était évalué 16,000,000, a été passé à titre singulier, chez Monet, notaire à Paris, le 29 décembre 1783.

La translation des restes mortels de la famille de Penthièvre se fit le 25 novembre 1783, en grande pompe et avec les cérémonies religieuses accoutumées. Le prince voulut assister en grand deuil avec tous les personnages titrés de sa maison à cette pieuse solennité.

Translation à Dreux des cendres de la famille de Penthièvre. 25 novembre 1783.

Un très-beau tableau, ouvrage de M. Gosse, représentant cette auguste cérémonie, décore l'une des pièces du château d'Eu.

Mort du duc de Penthièvre.
4 mars 1793.

Dix ans après, le 4 mars 1793, le duc de Penthièvre étant mort dans son château de Bizy, près Vernon, son corps a été transporté à Dreux et réuni à ses ancêtres, dont, selon les conditions de sa vente, il n'avait pas voulu rester séparé.

Ce prince n'avait pu se déterminer, comme presque toute la noblesse d'alors, à sortir de France pendant les troubles et les dangers des dernières années du siècle passé. Il avait abandonné le château d'Eu et s'était retiré obscurément dans celui de Bizy, pour y déplorer en silence et moins aperçu les malheurs du temps, pour invoquer religieusement l'assistance divine et combler de bienfaits les indigents du pays. Il attendait, dans la résignation d'une piété exemplaire, la fin des maux de la France, qu'il croyait prochaine. Il vivait dans l'affection, dans la reconnaissance de quelques amis fidèles, lorsque la nouvelle de l'affreux massacre de sa belle-fille chérie, la princesse de Lamballe, assassinée de la manière la plus horrible dans les épouvantables journées de septembre 1792, lui fut apportée. Il ne put survivre aux douleurs que lui causa cette odieuse catastrophe; il mourut sept mois après, à la suite de longues et continuelles souffrances, pleuré et sincèrement regretté de toutes les âmes honnêtes. Il a été assisté dans ses derniers moments par quelques-uns de ses serviteurs dévoués, qui ont osé, selon ses volontés dernières, transporter, non sans danger à cette époque fatale, mais sans éclat et presque de nuit, les cendres vénérées de leur bienfaiteur, pour les déposer à côté de sa famille, dans le caveau de l'église de Saint-Étienne, à Dreux, qui existait encore alors.

La duchesse douairière d'Orléans, rappelée de son long exil par la restauration de la famille des Bourbons sur le trône de France, étant arrivée à Paris dans les derniers jours de juin 1814, fut immédiatement mise en possession des biens de la succession de son père, le duc de Penthièvre, lesquels biens avaient été précédemment confisqués au profit de l'État. Mais, pour la plupart, ils avaient subi les spoliations et les dégradations du régime révolutionnaire. Dreux, avec ses revenus, lui fut rendu, non à beaucoup près tel qu'il était dans les temps passés, car le vieux château des comtes de Dreux, bâti par Robert, fils de Louis le Gros, se trouvait entièrement détruit, ainsi que toutes ses dépendances. Il ne restait de l'église Saint-Étienne que des ruines. Les sépultures de la famille de Penthièvre avaient été profanées et renversées dans les malheureux jours de 1793. Plusieurs portions de terrains, même dans l'enceinte des murs qui défendaient la forteresse de l'ancienne habitation, avaient été vendues à des spéculateurs avides qui avaient envahi ou détérioré tout ce qui s'était trouvé à leur portée. Enfin, de quelque côté que ce fût, la princesse eut partout à reconnaître les déplorables traces du fléau qui, pendant les années de son absence, avaient tyranniquement pesé sur la France. Elle fit aussitôt racheter plusieurs portions de terrains aliénés et ordonna en même temps la construction de la chapelle

Retour de la duchesse d'Orléans en France. 1814.

qu'elle n'a pu parvenir à faire terminer. La mort prématurée de cette princesse l'a empêchée de mener à fin l'édifice que les sentiments de la piété la plus religieuse lui avaient fait entreprendre.

Mort de la duchesse d'Orléans. 23 juin 1821.

Première construction de la chapelle.

Madame la duchesse d'Orléans étant morte le 23 juin 1821, dans sa maison d'Ivry, près Paris, son corps, religieusement accompagné, en grande pompe, par le duc d'Orléans, son fils, a été transporté à Dreux, puis inhumé le 3 juillet suivant, avec les solennités accoutumées, dans les caveaux de la chapelle, qui était loin d'être terminée. C'est dans ces caveaux que déjà reposaient les cendres du duc de Penthièvre, son père, celles du comte de Toulouse, son grand-père, ainsi que celles des princes et princesses de sa famille, qui avaient été précieusement recueillies par ses soins, et qu'elle avait fait rassembler dans un seul cercueil, comme l'indique l'inscription suivante que l'on a soigneusement conservée, inscription que le duc d'Orléans, après avoir rendu les derniers honneurs à la mémoire de son auguste mère, avait fait placer, le 28 juillet 1821, dans le cintre du caveau au-dessus de la sépulture des princes et princesses de la famille de Penthièvre.

CHAPELLE SÉPULCRALE DE DREUX.

INSCRIPTION DU 28 JUILLET 1821.

ICI, DERRIÈRE CE MARBRE, SONT RENFERMÉES DANS UN SEUL TOMBEAU,
PAR LES SOINS DE S. A. S. LOUISE MARIE ADÉLAÏDE DE BOURBON PENTHIÈVRE,
DUCHESSE DOUAIRIÈRE D'ORLÉANS,
LES DÉPOUILLES MORTELLES DES PRINCES ET PRINCESSES DE SA FAMILLE,
DÉPOSÉES, AVANT, DANS L'ÉGLISE COLLÉGIALE DE DREUX ;
ARRACHÉES A LEURS SÉPULTURES LE 29 NOVEMBRE 1793, RÉUNIES DANS CE LIEU
PAR LA PIÉTÉ FILIALE DE S. A. S. MONSEIGNEUR LE DUC D'ORLÉANS,
LE 28 JUILLET 1821.

1. Louis-Alexandre de Bourbon, comte de Toulouse, né le 6 juin 1678. Mort le 1er décembre 1737.
2. Marie-Victoire-Sophie de Noailles, comtesse de Toulouse, née le 6 janvier 1688. Morte le 30 septembre 1766.
3. Louis-Jean-Marie, duc de Penthièvre, né le 6 novembre 1725. Mort le 4 mars 1793.
4. Marie-Thérèse-Félicité d'Este, princesse de Modène, duchesse de Penthièvre, née le 6 octobre 1726. Morte le 30 avril 1754.
5. Louis-Alexandre-Joseph-Stanislas, prince de Lamballe, né le 6 septembre 1747. Mort le 6 mai 1768.
6. Louis-Marie de Bourbon, duc de Rambouillet, né le 6 septembre 1747. Mort le 13 novembre 1749.
7. Jean-Marie, duc de Château-Villain, né le 17 novembre 1748. Mort le 19 mai 1755.
8. Vincent-Louis-Marie, comte de Guingamp, né le 22 juin 1750. Mort le 14 mars 1752.
9. Marie-Louise de Bourbon, mademoiselle de Penthièvre, née le 18 octobre 1751. Morte le 25 septembre 1753.
10. Louise-Marie de Bourbon, née le 30 avril 1754. Morte le 1er mai 1754.

Une copie exacte de l'inscription ci-dessus, renfermée dans

une boîte en plomb hermétiquement close, a été déposée en 1843 dans la tombe qui contient les restes mortels de S. A. S. madame la duchesse douairière d'Orléans, ainsi que ceux des princes et princesses de la famille de Penthièvre.

Liste, selon la date de leur mort, des dix princes et princesses de la maison de Penthièvre qui étaient inhumés dans la chapelle sépulcrale de Dreux, avant les accroissements que cette chapelle a reçus.

Louis-Alexandre de Bourbon, comte de Toulouse, né le 6 juin 1678. Mort le 1er décembre 1737.

Louis-Marie de Bourbon, duc de Rambouillet, fils du duc de Penthièvre, né le 6 septembre 1747. Mort le 13 novembre 1749.

Vincent-Louis-Marie, comte de Guingamp, fils du duc de Penthièvre, né le 22 juin 1750. Mort le 14 mars 1752.

Marie-Louise de Bourbon, mademoiselle de Penthièvre, fille du duc de Penthièvre, née le 18 octobre 1751. Morte le 25 septembre 1753.

Louise-Marie de Bourbon, qui n'a vécu qu'un jour, fille du duc de Penthièvre, née le 30 avril 1754. Morte le 1er mai 1754.

Marie-Thérèse-Félicité d'Este, princesse de Modène, duchesse de Penthièvre, femme du duc de Penthièvre, née le 6 octobre 1726. Morte le 30 avril 1754.

Jean-Marie, duc de Château-Villain, fils du duc de Penthièvre, né le 17 novembre 1748. Mort le 19 mai 1755.

Marie-Victoire-Sophie de Noailles, comtesse de Toulouse, femme du comte de Toulouse, née le 6 janvier 1688. Morte le 30 septembre 1766.

Louis-Alexandre-Joseph-Stanislas, prince de Lamballe, fils du duc de Penthièvre, né le 6 septembre 1747. Mort le 6 mai 1768.

Louis-Jean-Marie, duc de Penthièvre, fils du comte de Toulouse, né le 16 novembre 1725. Mort le 4 mars 1793.

Mort de la duchesse de Bourbon.

Environ sept mois après la mort de S. A. S. madame la duchesse d'Orléans, le duc d'Orléans, son fils, et la princesse

Adélaïde d'Orléans, sa fille, héritiers des biens et des vertus de leur auguste mère, eurent à déplorer la perte subite de leur tante, S. A. S. la duchesse de Bourbon, qui, frappée d'apoplexie dans l'église de Sainte-Geneviève, à Paris, au milieu d'une procession religieuse, mourut dans l'église même, le 10 janvier 1822. Son corps, réuni aux princes et princesses dont nous venons de donner la liste, ayant été déplacé en 1843, repose aujourd'hui définitivement dans la galerie basse, à gauche de l'entrée de la chapelle de la Vierge.

Déjà précédemment la sépulture de Dreux avait reçu deux enfants du duc d'Orléans, aujourd'hui roi des Français, qui étaient morts en bas âge. Françoise-Marie-Louise-Caroline d'Orléans, duchesse de Montpensier, née à Twickenham, en Angleterre, le 28 mars 1816, morte à Paris, âgée de deux ans, le 20 mai 1818, et Charles-Ferdinand-Louis-Philippe-Emmanuel d'Orléans, duc de Penthièvre, né le 1er janvier 1820, mort à l'âge de huit ans et demi, le 25 juillet 1828; il n'a connu de la vie que les souffrances!

<small>Prince et princesse de la maison d'Orléans morts en bas âge. 20 mai 1818. 25 juillet 1828.</small>

Après les pertes douloureuses que nous venons de mentionner, d'autres non moins douloureuses encore devaient affliger bientôt la maison d'Orléans, déjà éprouvée par tant de malheurs. Mais avant d'arriver au récit des catastrophes que nous avons à noter, il convient de parler du grand événement qui a placé sur la tête du chef de la branche cadette des Bourbons la couronne de France que la branche aînée n'a pu garder.

Révolution de 1830. Règne du roi Louis-Philippe.

Le duc d'Orléans, pendant les mémorables journées de la révolution de juillet 1830, habitait sa belle campagne de Neuilly; il y vivait au sein de sa nombreuse famille, dans le calme, dans la pratique exemplaire de toutes les vertus, et peu occupé des embarras de la cour qui avait refusé ses conseils, lorsque les membres de la chambre des députés, les pairs de France réunis aux plus notables habitants de la capitale accoururent pour le supplier de venir prendre les rênes de l'État, qui était près de tomber dans les affreux désordres de l'anarchie. Ce prince ne fut pas arrêté un seul moment par les dangers auxquels, dans la situation des choses, sa personne devait être exposée : ceux du pays que, dans sa jeunesse à Valmy, à Jemmapes, il avait défendus avec éclat, furent seuls présents à sa pensée. Il se chargea, sans hésiter, de la lieutenance générale du royaume, qui, du côté de la cour et du côté du pays, lui était offerte avec une égale instance; puis le 9 août, après la retraite du roi Charles X, prévoyant bien d'autres obstacles plus difficiles à surmonter, il s'est déterminé à accepter le poids de la couronne menacée d'une ruine prochaine; car déjà partout les passions déchaînées se montraient hostiles au pouvoir; mais la Providence avait réservé le duc d'Orléans pour la gloire, pour le repos et pour le bonheur de la France. Il règne depuis plus de seize ans; il gouverne, et par sa profonde sagesse il est parvenu à maintenir la paix et la prospérité de l'Europe.

Le roi Louis-Philippe Ier, ainsi porté au trône, a fait voir au monde qu'il connaissait toute l'importance de la haute mission que l'acclamation universelle et l'intérêt du salut public lui avaient confiée. Les obstacles, les résistances, les attaques incessantes contre sa personne et son autorité n'ont jamais, en quelque circonstance que ce soit, altéré son courage et sa résignation; il a constamment dirigé, avec une rare prudence, avec une sagesse, un discernement éclairé et une infatigable attention, les plus grandes comme les plus petites affaires. On l'a vu, jusque dans les moindres détails améliorant, embellissant sans cesse les choses faites et portant à la plus haute perfection celles à faire.

Règne de Louis-Philippe. 9 août 1830.

C'est ainsi qu'après avoir remarqué que la sépulture de Dreux, fondée par la piété filiale de sa mère, était insuffisante, que les caveaux tortueux, sombres, sans air et peu étendus ne pouvaient renfermer d'une manière convenable les dépouilles mortelles de la famille royale; que les mesures nécessaires pour donner à cet établissement son éclat et son importance avaient été négligées, enfin que l'édifice manquait de dignité et d'étendue, ce roi a résolu de faire augmenter en tous sens les constructions que madame la duchesse d'Orléans avait laissées

Établissement de la sépulture royale.

inachevées. De suite on s'est mis à l'œuvre, le dôme de la chapelle circulaire a été terminé et entouré de portiques, on a élevé de vastes galeries disposées avec art, de manière à se rattacher, sans disparate, aux ouvrages et aux constructions premières. Cet arrangement, qui est dans le style gothique, et dont l'élégance est des plus remarquables, a procuré les moyens d'ajouter aux anciens caveaux, sans les détruire entièrement, deux étages de grandes salles au-dessous du dôme et de vastes galeries basses parfaitement éclairées; elles peuvent contenir près de cent tombes, toutes de forme pareille, et préparées dans un ordre régulier à recevoir successivement, selon les décrets de la Providence, les morts de la famille royale à laquelle ce monument reste à jamais consacré. (Voir les plans ci-joints, N°° 3-4-5).

Mort de la princesse Marie. 2 janvier 1839.

Les grands travaux de cette disposition générale étaient commencés, ils se poursuivaient avec activité et persévérance quand la mort vint frapper impitoyablement à l'âge de vingt-cinq ans, dans les plus beaux jours de sa vie, la seconde fille du roi, la princesse Marie, duchesse de Wurtemberg.

Cette jeune princesse, enlevée si prématurément à l'ornement de la France et au bonheur de sa famille, joignait à toutes les vertus de ses augustes parents une grâce parfaite et la culture des beaux-arts. Elle excellait autant en peinture qu'en sculpture, et l'une des plus belles statues qui décorent les galeries historiques du palais de Versailles, la statue en marbre de la pucelle d'Orléans, Jeanne d'Arc, est son ouvrage. Mariée au prince Alexandre, duc de Wurtemberg, elle devint mère et bientôt après un mal affreux, une grave affection de poitrine, l'ayant déterminée à aller chercher dans l'Italie un climat salutaire à sa guérison, elle fut à Pise, où elle mourut le 2 janvier 1839. Son corps, rapporté en France, a été déposé dans les caveaux de la chapelle sépulcrale de Dreux.

Le roi avait voulu aller rendre en personne les derniers devoirs à sa fille chérie; mais la perte imprévue de cette admirable princesse fit remarquer que jusqu'alors on n'avait pas pensé à former à l'avance, dans le séjour de la mort, un abri pour les membres de la famille royale condamnés à mettre au tombeau ceux dont la mort devait pour jamais les séparer. Aucune construction autre que celle de l'édifice religieux n'avait été entreprise, on n'avait trouvé sur toute l'étendue de l'ancien château que les hautes murailles de son enceinte, des tourelles à demi détruites et les restes délabrés de la tour du donjon. Il fallut aussitôt, pour la solennité imminente, entourer à la hâte ces constructions anciennes avec des bâtisses légères appuyées contre les ruines de la vieille tour, et en moins de dix jours, au moyen de tous les secours de l'art, de l'activité et du plus sincère dévouement, on parvint à créer, comme par

Habitation royale.

enchantement, une sorte de résidence improvisée, dans laquelle le roi et ses fils avec une suite nombreuse ont pu se rendre pour recevoir les restes inanimés de la jeune princesse et assister aux cérémonies religieuses, après lesquelles son corps a été déposé près des autres membres de sa famille.

Les caveaux de la sépulture royale de Dreux, qui déjà, outre le duc de Penthièvre, la duchesse douairière d'Orléans, sa fille, et la duchesse de Bourbon, sa belle sœur, renfermaient neuf princes et princesses de la maison de Penthièvre et deux enfants de la maison d'Orléans, plus la princesse Marie dont nous venons de déplorer la perte, devaient, moins de trois ans après, recevoir encore les cendres de l'héritier présomptif de la couronne, Ferdinand-Philippe-Louis-Charles-Henri, duc d'Orléans, mort dans la trente-deuxième année de sa vie, le 13 juillet 1842, par l'effet de la plus fatale de toutes les catastrophes.

Mort du duc d'Orléans, prince royal. 13 juillet 1842.

Ce prince se préparait, le 13 juillet 1842, à quitter Paris pour aller passer en revue les troupes réunies au camp de Saint-Omer; l'ordre du départ était donné, les aides de camp attendaient : il était midi ; tout était prêt, lorsqu'il voulut, avec les sentiments de la plus touchante tendresse filiale, aller encore une fois au château de Neuilly pour y embrasser son auguste mère. Il avait pris à la hâte une petite calèche attelée de deux chevaux, conduits par un jeune postillon à la Daumont, avec un seul domestique derrière. Les chevaux, au tournant de la porte Maillot, s'emportèrent; le postillon ne pouvant plus les contenir, le prince essaya de se mettre debout pour lui parler; mais, soit par l'effet d'un choc imprimé à la voiture, soit par celui de la trop grande rapidité de la course, il perdit l'équilibre et fut lancé violemment sur le pavé, où il resta sans connaissance. Transporté de suite dans la salle basse d'une petite maison la plus rapprochée du lieu où l'accident venait d'arriver, il y a, quatre heures après, sans avoir pu un seul moment reprendre ses sens, rendu les derniers soupirs. Le Roi, la Reine, deux de ses frères, la princesse Clémentine, sa sœur, et madame la princesse Adélaïde, sa tante, accourus à pied de Neuilly en toute hâte, ont été douloureusement témoins de ses moments extrêmes, sans pouvoir lui porter une autre assistance que celle de leurs larmes et de leurs prières, dont l'infortuné prince, plongé constamment dans les angoisses d'une agonie léthargique, n'a pu recevoir la douce consolation.

Telle a été la fin prématurée d'un prince chéri et admiré de tout le monde. Il était l'orgueil et l'espoir de la patrie, à laquelle, à Anvers comme en Afrique, il avait plus d'une fois donné les gages d'une valeur et d'un sang-froid à toute épreuve. La France voyait en lui, avec confiance et sécurité, le digne héritier des vertus et des talents de son père, quand l'implacable destin est venu, trop tôt et trop fatalement, mettre un terme à ses jours ! Il a voulu cependant, dans ses impénétrables décrets, qu'il restât à la France, après le duc d'Orléans, deux jeunes princes, le comte de Paris et le duc de Chartres, auxquels la plus tendre et la plus vertueuse des mères, madame la duchesse d'Orléans, ne cesse de prodiguer les soins les plus assidus. Elle les rendra l'un et l'autre dignes du père tant aimé qu'ils ont trop tôt perdu.

Nous n'entreprendrons pas de dire ici quelle a été, après la nouvelle de la mort du duc d'Orléans, la désolation universelle de la France et de l'Europe entière, ni de retracer l'affliction générale et les douleurs que toute la population a éprouvées pendant la célébration des honneurs funèbres rendus à la mémoire de ce prince. Il nous suffira d'attester que dans tous les rangs, dans toutes les classes de la société, le deuil a été universel : jamais perte n'a excité des regrets plus sincères!

<small>Honneurs funèbres rendus au duc d'Orléans.</small>

Nous allons essayer maintenant de décrire les pompes et les cérémonies religieuses qui ont eu lieu à Neuilly, à Paris et à Dreux, après le funeste événement dont nous venons de rendre compte.

Le duc d'Orléans ayant rendu les derniers soupirs dans la pauvre maison de la route des Sablons, le Roi, la Reine, les princes, les princesses de sa famille, les ministres, un grand nombre de personnages de haut rang, plusieurs membres du clergé et les médecins qui, au premier bruit de l'événement, s'étaient rendus sur le lieu, en toute hâte, accompagnèrent tristement jusqu'au château de Neuilly, en passant par les avenues du parc, le corps du malheureux prince. Des soldats venus des postes voisins, ayant formé un brancard, le portèrent par un soleil des plus brûlants sur leurs épaules; tous pénétrés d'un sombre recueillement, contemplaient respectueusement en silence les restes inanimés de celui que plusieurs d'entre eux avaient vu et suivi dans les combats.

Le corps du prince, ainsi rapporté à Neuilly, est resté pendant dix-sept jours dans la petite chapelle de ce château qui avait été le berceau de sa jeunesse et le lieu de ses premières études. C'est pendant ces longues et tristes journées, que son épouse adorée, la duchesse d'Orléans, qui était allée à Plombières; le duc de Nemours, le prince de Joinville, ses frères, qui remplissaient leurs devoirs militaires, l'un au camp de Châlons, l'autre sur les côtes de la Méditerranée; ses deux jeunes fils, le comte de Paris et le duc de Chartres, qui, pour leur santé, avaient été envoyés prendre les bains de mer à Tréport; le roi des Belges, son beau-frère, avec la reine sa sœur, accoururent successivement à Neuilly et vinrent mêler leurs larmes, leurs douleurs et leurs prières à celles des autres membres de la famille éplorée.

CHAPELLE SÉPULCRALE DE DREUX.

Chapelle votive sur la route des Sablons.

Ce fut dans ces pénibles moments de consternation générale, que le roi conçut et ordonna l'exécution de la petite chapelle votive, à laquelle, sous l'invocation de la Vierge, on a donné le nom de la Chapelle de la Compassion. Cet édifice commémoratif, avec ses accessoires, sa desservance et les institutions religieuses qui doivent assurer sa conservation ainsi que sa durée, a été élevé en 1843, en achetant à cet effet plusieurs maisons voisines sur l'emplacement même où le prince a rendu les derniers soupirs. La chapelle a été consacrée le 11 juillet 1843, l'avant-veille de l'anniversaire de la mort du prince. Voir les plans ci-joints n°ˢ 34-35-36-37-38-39-40.

Le duc de Nemours proclamé régent.
26 juillet 1842.

Le 30 juillet 1842, après la séance du 26 du même mois, jour auquel le roi s'étant rendu au palais de la Chambre des députés pour confier avec les accents les plus touchants aux deux Chambres assemblées la vive expression de ses profondes douleurs et assurer par la régence accordée à son second fils le duc de Nemours, le repos de la France, les restes mortels du duc d'Orléans ont été transférés en grande pompe funèbre du château de Neuilly dans l'église Notre-Dame de Paris. La population de la capitale et de ses environs, à une grande distance, a pris vivement part à cette lugubre solennité avec une immense affluence. Partout la foule, dans le recueillement le plus respectueux, s'écartant en silence pour faire place au cortége, a montré les sentiments de douleur et de regrets dont elle était profondément pénétrée. Le deuil était conduit par les quatre frères du prince, le duc de Nemours, le prince de Joinville, le duc d'Aumale et le duc de Montpensier. Tous les corps constitués de l'État, un clergé des plus nombreux, la garde nationale, tous les officiers généraux de l'armée présents à Paris, et une masse immense de militaires de tous grades l'ont accompagné en traversant les Champs-Élysées, suivant, après la place Louis XV, les quais du midi jusqu'à l'église cathédrale, où il a été placé sur un haut catafalque préparé à cet effet.

Les cérémonies religieuses ayant été accomplies selon l'usage et dans le plus grand ordre, la messe des morts ayant été chantée en grand chœur, le corps du duc d'Orléans est resté durant toute la journée du 3 août sur le magnifique catafalque qui occupait entièrement le milieu de l'église. La foule du peuple qui, pendant la durée de cette exposition, passait, sans s'arrêter, devant le cercueil du prince, se pressait de tous côtés pour venir offrir à sa mémoire, dans le plus respectueux silence, le dernier hommage de ses sincères regrets.

Le 4 au matin, vers trois heures, les quatre fils du roi s'étant rendus à l'église de Notre-Dame, assistèrent à l'enlèvement du corps de leur frère, qui fut immédiatement transporté, sans s'arrêter, à Dreux. Arrivé le même jour, vers dix heures du matin, il fut présenté à l'église principale de la ville, et reçu à l'entrée du portail par l'évêque de Chartres et plusieurs autres prélats à la tête d'un clergé très-nombreux. Les cérémonies religieuses étant accomplies, le corps fut transporté processionnellement avec un cortége immense à la chapelle sépulcrale, en traversant la foule des populations voisines qui, accourues de plus de vingt lieues, encombraient toute la ville et ses rues, lesquelles étaient entièrement tendues en noir.

Le roi, contre l'usage des temps passés, avec cette force d'âme qui le caractérise, avait voulu en partant la nuit, par la route de Normandie, se rendre à Dreux, afin d'y attendre, au pied des marches du portail d'entrée de la chapelle, les restes inanimés de son fils, du prince bien-aimé qui, certes un jour après lui, aurait été le continuateur de ses bienfaits et l'héritier de sa gloire.

Il nous serait impossible de donner ici une juste idée de l'effet produit par l'arrivée et la réception du cortége aux portes de la chapelle, ni de dire la douloureuse impression qu'ont éprouvée les soldats, les prêtres, les autorités civiles, et l'immense foule des assistants qui ont vu, aux portes du sanctuaire de la mort, ouvertes pour recevoir le corps sans vie de l'héritier présomptif de la couronne, le roi, en habits de deuil, s'avançant tristement vers le cortége, puis se jetant dans les bras des quatre fils qui lui restent, les pressant fortement contre son sein, et mêlant ses larmes aux leurs, sans pouvoir exprimer par la moindre parole la profonde affliction dont son âme était oppressée.

La messe des morts ayant été célébrée par l'évêque de Chartres, assisté de l'archevêque de Paris, de l'évêque d'Évreux, de l'évêque de Maroc, de tous les curés et vicaires des cantons voisins, au nombre de plus de deux cents, le corps fut enlevé du catafalque qui avait été dressé au centre du dôme de la chapelle. Il fut ensuite descendu dans le caveau souterrain, où déjà reposaient la duchesse d'Orléans, son aïeule, la duchesse de Bourbon, sa tante, et la princesse Marie, sa sœur.

La dernière des scènes douloureuses dont nous essayons de rendre compte, et qui certes a été la plus pénible, s'est passée sans témoins. Le roi et ses quatre fils, après la fin de toutes les cérémonies religieuses, sont descendus, sans être suivis de personne, dans le triste et sombre caveau, qui était entièrement tendu de noir; ils y sont restés en silence, lorsque la foule des assistants s'écoulait au dehors pendant de longs et pénibles moments, pour y faire, dans le plus profond recueillement, leurs derniers adieux au fils, au frère tant regretté qu'ils ne devaient plus revoir.

<small>Inhumation du duc d'Orléans. 5 août 1842.</small>

La catastrophe fatale et inopinée de la mort du duc d'Orléans, arrivée moins de quatre ans après celle de la princesse sa sœur, a fait sentir plus que jamais la nécessité d'activer les ouvrages

<small>Accélération et accroissement des ouvrages commencés.</small>

qui n'avaient pu être terminés lors du grand événement dont nous venons de faire connaître les déplorables circonstances; car tout alors était entrepris, mais rien n'était achevé. Le corps du prince n'avait donc pu occuper, dans la chapelle basse de la Vierge, la place qui, selon le plan adopté, lui était destiné. Aucun des compartiments du pavé en marbre n'était exécuté, les voûtes des salles basses n'étaient pas closes, les fermetures même des galeries n'étaient pas en place; la chapelle de la Vierge se trouvait à peine couverte ainsi que les bas-côtés qui s'y rattachent. Il fallut donc déposer provisoirement le cercueil près de ceux qui déjà renfermaient son aïeule, sa tante et sa sœur, dans le petit caveau qui, par suite des agrandissements projetés, devait être incessamment détruit.

Les travaux de construction, d'ailleurs fort avancés, reçurent aussitôt quelques améliorations dans leur extension. Ils furent poussés de manière à ce que, pour le service du bout de l'an, qui eut lieu le 13 juillet 1843, la disposition générale de tout l'édifice avec ses nombreux accroissements, était presque entièrement terminée.

Translation à Dreux des cendres du prince de Conti. 3 avril 1844.

Le prince de Conti étant mort en Espagne à l'âge de soixante-dix-neuf ans, le 10 mars 1814, n'avait pu profiter des bienfaits et des restitutions que la restauration du trône des Bourbons a accordés aux exilés. Il avait été enterré sans éclat dans l'église du couvent des franciscains de Saint-Michel à Barcelone ; mais en 1844 cette église devant être détruite et mise en vente pour les embellissements de la ville, l'enlèvement et la translation des cendres de ce prince devenaient indispensables. Le roi, informé de cet incident, a aussitôt donné des ordres pour que les restes mortels du prince de Conti, descendant comme lui du sang de Henri IV, ne restassent pas sans sépulture en terre étrangère, et qu'ils fussent rapportés en France, pour être réunis aux membres de sa famille dans les caveaux de Dreux.

L'abbé Daenen, l'un des aumôniers de la chapelle, partit aussitôt : il se rendit directement à Barcelone. Les autorités civiles et ecclésiastiques de la ville, prévenues par le consul de France, M. de Lesseps, s'empressèrent d'assister, le 22 mars 1844, à l'exhumation du corps du prince. Elles vinrent ensuite, suivies d'un grand nombre de Français résidant en Espagne, rendre, dans l'église de la Merced, les honneurs religieux dus à sa mémoire et à son nom. Ses restes mortels, embarqués aussitôt sur le bâtiment français *le Lavoisier*, arrivèrent à Dreux le 2 avril 1844. Ils furent inhumés le lendemain par l'évêque de Maroc et son chapitre, après les célébrations religieuses accoutumées, dans la grande salle basse, sous le dôme de la chapelle.

Le cœur du régent de France, Philippe duc d'Orléans, avait été déposé au Val-de-Grâce, à Paris, en 1721, conformément

Translation à Dreux du cœur du Régent. 14 juillet 1842.

aux dispositions testamentaires de la reine Anne d'Autriche, mère de Louis XIV. Cette princesse, après avoir fait élever ce magnifique monument, avait voulu que les entrailles des princes et princesses de sa famille, dont les corps seraient portés à Saint-Denis, fussent placés dans la chapelle de Sainte-Anne dans l'église du Val-de-Grâce, disposée par elle à cet effet.

La chapelle de Sainte-Anne renfermait ainsi, dans un ordre établi, les cœurs de tous les descendants de Louis XIII, jusqu'à celui du jeune dauphin Louis-Joseph-Xavier-François, fils de Louis XVI, qui, mort à l'âge de sept ans à Meudon, le 4 juin 1789, fut transféré solennellement, le 12 juin 1789, à l'abbaye royale du Val-de-Grâce, par le cardinal de Montmorency, grand-aumônier de France. Il fut accompagné du duc de Fitz-James, du duc d'Harcourt, gouverneur des enfants de France, du marquis de Brezé, grand-maître des cérémonies, et du duc de Chartres, aujourd'hui roi régnant.

Mais peu après, dans les horribles désordres des odieuses journées de 1793, les sépultures du Val-de-Grâce, comme celles de Saint-Denis, ayant été profanées, les urnes funéraires, les tombeaux ayant été renversés et détruits, un habitant de Paris s'était emparé du vase qui contenait le cœur du régent. Cet homme s'est empressé, en 1814, de rapporter au duc d'Orléans, au Palais-Royal, les dépouilles mortelles de son aïeul, seuls restes de tant de personnages illustres échappés, comme par miracle, aux affreuses dévastations d'alors. Le prince les fit replacer aussitôt en terre sainte dans l'église de Saint-Roch, devenue la paroisse du Palais-Royal. Puis, en 1841, la sépulture de Dreux étant achevée et consacrée aux mânes de la famille régnante, M. l'abbé Olivier, aujourd'hui évêque d'Évreux, reçut l'ordre de porter solennellement le cœur du régent à Dreux. Parti de Paris, le 14 juillet 1841, accompagné du général baron de Gourgaud, aide-de-camp du roi, du comte de Failly, officier d'ordonnance, et de deux ecclésiastiques de l'église de Saint-Roch, le vase d'argent qui renferme ces précieuses dépouilles a été reçu avec les cérémonies et les célébrations d'usage par l'évêque de Maroc, assisté des aumôniers de son chapitre. Il est déposé définitivement dans l'une des niches de la seconde salle souterraine, sous le dôme de l'église.

Le 23 avril 1844, neuf mois après la célébration du premier anniversaire de l'inhumation du duc d'Orléans, les travaux de construction de la chapelle ayant été poussés avec une grande activité, les galeries basses qui enveloppent le chœur étaient bâties, la chapelle de la Vierge au chevet de l'église, celle de Sainte-Adélaïde et celle de Saint-Arnould à droite et à gauche du portail de l'entrée à l'étage bas, ainsi que les accessoires, avec les couloirs souterrains pour conduire à l'habitation, étaient, aux sculptures et aux autres ornements près, entièrement finis; les tombeaux, en très-belle pierre de Tonnerre et d'un seul bloc, étaient presque tous taillés et mis en place, selon l'arrangement et dans l'ordre fixé. Rien ne s'opposait à ce que l'on entreprît la translation des sépultures, afin que chacun, d'après les plans arrêtés, fût définitivement inhumé dans le lieu qui lui est à tout jamais consacré.

Translation des cercueils dans les nouveaux caveaux. 23 avril 1844.

Le roi a voulu assister en personne à cette pénible cérémonie, malgré tout ce que cette translation pouvait avoir de difficile et de douloureux par sa longueur même; elle a été exécutée, sans pompe extérieure et de la manière la plus religieuse, avec l'assistance du vénérable évêque de Maroc et celle des quatre aumôniers du chapitre, dont il est le doyen. Il n'y eut aucune cérémonie autre que les célébrations d'usage, pendant lesquelles, en présence du roi, du préfet du département, des autorités civiles de la ville, des officiers de la maison et du clergé, les aumôniers, récitant les prières des morts, ont recueilli pieusement de leurs mains les ossements des princes et princesses de la maison de Penthièvre, qui, péniblement rassemblés, comme nous l'avons dit, par la duchesse douairière d'Orléans, étaient contenus dans un même petit cercueil en bois presque pourri, qu'il fallut changer. Les cercueils des princes et princesses de la maison d'Orléans que nous venons de nommer ont été également déplacés avec les mêmes soins, les mêmes respects et la même piété religieuse. Ils ont été successivement transférés dans la chapelle de la Vierge, et placés dans les tombes qui leur sont désormais consacrées.

Le roi, avec une résignation surhumaine, avait à l'avance tout fixé, tout ordonné pour cette longue et triste fonction. Il avait indiqué, dans la chapelle de la Vierge et dans les deux galeries basses qui la précèdent, l'ordre, la forme et l'arrangement particulier des tombes destinées à recevoir les membres de sa famille, même la sienne avec celle de la Reine, son auguste épouse.

En considérant avec réflexion cette longue file de tombeaux, de formes, de contours et de matière entièrement pareils, qui déjà occupent, dans une ordonnance parfaitement régulière, les divisions des travées de la chapelle de la Vierge, ainsi que celles des deux galeries basses, dans la sépulture royale de Dreux, on reconnaîtra sans doute la pensée éminemment philosophique et religieuse, bien favorable aux bonnes règles de l'art, qui a voulu que dans le sépulcre, où la faux du temps égalise tout, les tombes préparées à l'avance pour chacun, ainsi que celles déjà occupées par les hauts personnages que nous avons nommés, fussent, sans distinction de rang ou de dignité, parfaitement semblables.

La tombe destinée au Roi et à la Reine, et qui devra un jour..... (Puisse ce jour funeste être retardé pour longtemps encore !!!) est placée au centre de la chapelle de la Vierge, laquelle est entièrement consacrée aux plus proches membres de la fa-

Disposition des tombes.

mille régnante. Elles sont toutes disposées de manière à recevoir la statue couchée du personnage qu'elles doivent renfermer.

Le tombeau de la duchesse douairière d'Orléans occupe toute la travée au-dessous de la première croisée de la chapelle à gauche auprès de l'autel. Celui du prince royal duc d'Orléans est dans la même travée, en face. La princesse Marie se trouve en avant du pilier, à droite de l'entrée de la chapelle. La disposition de cet emplacement a permis d'élever au-dessus de la sépulture de cette princesse la petite statue en marbre représentant l'ange gardien, qu'elle avait conçue et exécutée peu de temps avant sa mort. En face, au pied de l'escalier qui monte au sol de l'église, sont, l'une à droite, l'autre à gauche, dans deux tombes pareilles, mais plus petites, le duc de Penthièvre et la princesse Françoise, enfants de la maison d'Orléans, morts l'un et l'autre en bas âge. En face, du côté opposé, est placée la duchesse de Bourbon, leur tante.

Établissement du chapitre de la desservance. 23 juin 1843.

Après avoir cherché à expliquer la disposition générale de la sépulture royale de Dreux, il convient, avant d'entrer dans les détails de cet édifice, de dire qu'indépendamment des soins continus et des efforts persévérants de l'art, rien n'a été négligé pour assurer la conservation et la durée de ce religieux établissement. C'est en conséquence que le Roi, par son ordonnance du 28 juin 1843, a fondé un chapitre composé de quatre aumôniers et d'un doyen, qui sont chargés de la desservance permanente de la chapelle, avec un conseil d'administration pour régler les affaires temporelles de l'établissement ainsi qu'il suit.

(Précédemment il avait été fait par madame la duchesse douairière d'Orléans, le 6 juin 1821, un acte constitutif d'une rente de trois mille francs pour le traitement des deux chapelains qui desservaient alors la chapelle que Son Altesse avait fondée).

Ordonnance du 28 juin 1843 qui consacre à perpétuité la chapelle de Dreux à la sépulture des princes et princesses de la famille royale.

« Voulant que la chapelle fondée et édifiée par nous, con-
» formément aux dispositions testamentaires de notre très-
» chère et très-honorée mère, la duchesse d'Orléans, sur
» l'emplacement de l'ancien château des comtes de Dreux, soit
» consacrée à la sépulture des princes et princesses de notre
» famille, nos successeurs, descendants et héritiers; et voulant
» mettre à la charge de notre domaine privé, dont cette cha-
» pelle ainsi que ses dépendances font et continueront de faire
» partie, toutes les dépenses nécessaires à un entretien digne et
» convenable, afin que la garde des précieuses dépouilles qui
» y sont, et qui y seront déposées, soit toujours confiée à nos

32   CHAPELLE SÉPULCRALE DE DREUX.

» successeurs, descendants et héritiers, et ne puisse sortir de
» leurs mains; nous avons ordonné :

» La chapelle de Dreux, consacrée à la sépulture des princes
» et princesses de notre famille, sera desservie par un doyen et
» par quatre aumôniers.

» Le doyen jouira d'un traitement de trois mille francs;
» chacun des aumôniers, d'un traitement de deux mille francs.

» Ces cinq ecclésiastiques seront logés dans les bâtiments dé-
» signés par nous.

» Il a été constitué une rente de vingt-deux mille francs pour
» les besoins du service de la chapelle.

» L'ordonnance du 23 août 1843 nomme pour doyen l'abbé
» Guillon, évêque de Maroc, et pour aumôniers, les abbés
» Boniteau, Daenen, Garnaud et Moisson; le premier étant
» mort le 19 avril 1845, a été remplacé par l'abbé Brunneval,
» curé d'Estallonde. »

Description de l'habitation royale.

Avant d'arriver à l'explication des différentes parties qui décorent les intérieurs de la sépulture de Dreux, nous devons parler de la résidence royale et des particularités qui ont déterminé sa disposition. Cette habitation, bâtie dans l'année 1839, comme nous l'avons dit, à la hâte, légèrement et presque toute en bois, est appuyée irrégulièrement aux restes de la vieille tour de l'ancien donjon du château des comtes de Dreux; elle est environnée de plantations nouvelles qui la couvrent presque entièrement, de manière à la rendre inaperçue. Les antiques murailles de la vieille tour la dominent de tous côtés; la distribution se compose d'un grand salon rond, éclairé par le haut, du diamètre de l'intérieur de la tour; de deux vastes salles de réception, dont l'une sert de salle à manger pour environ cent couverts, et l'autre, d'une étendue égale, est une salle d'attente avec deux vestibules qui la précèdent; puis sept logements de maîtres et leurs accessoires pour la famille royale; plus, quatorze chambres pour les officiers de la suite, en comprenant celles qui ont été pratiquées dans la galerie de l'ancienne orangerie, du côté de la ville, et dans les vieilles tourelles, sur les murs de la forteresse. Les cuisines, et tout ce qui en dépend, sont établies au-dessous du sol, à portée du service, dans les couloirs et les caves qui avaient été taillés dans le tuf de la montagne pour les différents besoins du château des comtes de Dreux. Les hangars affectés aux remises, aux écuries et aux communs, pour environ cent domestiques et vingt-cinq voitures, se trouvent placés hors de l'enceinte, au-dessous du plateau de la chapelle, de manière à être également peu en vue.

On remarquera, par la disposition et par l'arrangement de ces nombreuses dépendances qui, partout sans régularité, se trouvent cachées avec autant d'art que d'adresse, combien il était difficile et combien il eût été inconvenant de bâtir pour l'habitation royale, dans l'espace peu étendu de l'enceinte de la chapelle, un édifice important. Toute construction, quelle que fût sa hauteur, sa proportion ou sa décoration, aurait, sans aucun doute, en satisfaisant aux exigences de la vie actuelle, présenté un aspect choquant peu d'accord avec les élégantes formes du monument que la judicieuse pensée du roi a fait élever, et que les talents de M. Lefranc, architecte de Sa Majesté, ont habilement exécuté. Ainsi donc la résidence royale, toute rapprochée qu'elle est de la chapelle, ne nuit en rien à son éclat. Ce bel édifice s'élève seul à une grande hauteur au-dessus de tout ce qui l'entoure, sans qu'aucune autre construction trop apparente, de quelque côté que ce soit, puisse empêcher de l'apercevoir en tous sens, et de reconnaître que ce magnifique ouvrage est la *Nécropole* consacrée à tout jamais, par le roi Louis-Philippe, aux mânes des princes et princesses de la dynastie dont il est le chef.

Jardins, alentours et dépendances de la chapelle.

Les abords et les alentours de la chapelle sépulcrale de Dreux ne présentent en aucun point, soit au dehors, soit au dedans, rien de lugubre, rien de ce qui pourrait donner à penser aux nombreux visiteurs qui chaque jour y accourent de toute part, que ce brillant édifice, éclatant de lumière, est le séjour éternel des victimes que la faux de l'implacable mort a impitoyablement moissonnées. La plus belle végétation couvre le sol jusqu'aux abords de la chapelle; c'est à travers les fleurs de ce moderne Élysée que l'on arrive à son entrée. Une large route tournante et facile, bordée d'arbres de haute tige, joint la principale voie de la ville; elle conduit par une pente aussi douce que commode au sommet du plateau de l'église; un pont élégant et de bonne forme, traversant par-dessus le chemin d'arrivée, donne passage de l'enceinte de la chapelle aux jardins qui en dépendent, et au sommet desquels, à l'extrémité nord-est, se trouve établie une station du télégraphe de la ligne de Paris à Brest. Ces jardins sont peu étendus; ils dominent entièrement la ville qui en a fait sa promenade habituelle; leur sol, qui autrefois était des plus arides, a été considérablement amélioré depuis qu'un moulin à vent de forme nouvelle, inventé et construit par M. Lefranc, a fourni, sur le point le plus élevé de la montagne, le volume d'eau nécessaire pour alimenter le petit ruisseau qui la fertilise et qui satisfait abondamment à tous les besoins du service de l'habitation avec ses dépendances.

L'évêque de Maroc, doyen du chapitre des aumôniers, occupe un pavillon nouvellement bâti sur les restes des piliers et des murailles de l'ancienne porte du château des comtes de Dreux, du côté de la ville. Cette habitation, dans sa hauteur

<small>Logements des aumôniers.</small>

totale, quoique fort élégante, ne s'élève pas au-dessus du sol de l'église; sa décoration peut rappeler les temps de l'ancienne chevalerie; elle est agréablement située et commodément distribuée; on pourrait l'appeler le petit château.

Deux des aumôniers desservants habitent près du doyen, de l'autre côté de l'ancienne porte, une petite maison qui était une dépendance de l'ancien domaine, et qui, selon l'inscription que l'on a conservée sur son entrée, est celle dans laquelle est né Philidor, habile joueur d'échecs, compositeur célèbre, auteur de la musique du *carmen seculare* d'Horace, regardée à l'époque du dernier siècle où elle fut écrite comme le chef-d'œuvre musical de ce temps. Les deux autres aumôniers sont également logés, aux termes de la fondation du chapitre, dans une seconde maison qui faisait aussi partie des dépendances, et qui, bâtie en dehors aux pieds de l'enceinte, a son entrée sur la principale rue de la ville. (Voir le plan N° 2.)

Description des intérieurs de la chapelle.

Arrivé sur le sommet du plateau qui domine la ville de Dreux, on monte par un vaste perron de douze marches au sol de la chapelle qui un jour sera entourée et séparée des jardins par un large portique d'enceinte. La porte, richement sculptée en bois et bronze, est divisée en compartiments de forme gothique au centre desquels sont représentés les douze apôtres sculptés par M. Liénard. Un bel orgue, ouvrage de MM. Cavaillé père et fils, plus remarquable par la recherche de son mécanisme que par sa grandeur, est habilement établi dans le tympan de la voûte au-dessus de la grande porte d'entrée. Cet instrument, d'une perfection reconnue, ajoute beaucoup, par ses mélodieux accords, à l'éclat des solennités auxquelles l'église est consacrée. Le dôme, sous lequel on place ordinairement dans les célébrations funèbres les catafalques des morts, sert de chœur pour les offices du service divin. Il est séparé des bas-côtés, à droite et à gauche, destinés aux assistants, par deux rangs de stalles pour le clergé. Au centre du rond-point du sanctuaire, s'élève, sur deux marches en marbre, le maître-autel également en marbre, derrière lequel, par deux escaliers circulaires, on descend à la chapelle de la Vierge et aux galeries des tombeaux.

Du sol de la chapelle de la Vierge et de la galerie des tombeaux, au centre de laquelle elle est placée, on arrive par quatre escaliers de huit marches chacun, à la première grande salle ronde au-dessous du chœur de l'église et aux trois chapelles basses du côté de la face d'entrée. L'une de ces chapelles sert aujourd'hui de sacristie en attendant que le travail commencé pour la construction d'une nouvelle sacristie projetée du côté de l'ancienne entrée des premiers caveaux soit entièrement terminé. (Voir le plan N° 2.)

On descend ensuite, par un autre escalier à double rampe,

à la seconde salle basse, également sous le dôme, et aux anciens caveaux conservés qui y aboutissent. Une entrée pratiquée au milieu de la pile du pont du côté du chevet de la chapelle de la Vierge, avec un couloir qui correspond à l'ancienne entrée des sépultures de 1816, a rendu praticables et aérés les souterrains qui ont été conservés et dont l'étendue pourrait être au besoin considérablement augmentée. (Voir les plans N°ˢ 3-4-5.)

INDICATION DES SUJETS PEINTS SUR VERRE

qui décorent les intérieurs de la chapelle sépulcrale de Dreux.

VITRAUX PEINTS.

CHOEUR DE L'ÉGLISE.

Peints :

Les numéros indiquent sur le plan la place des sujets peints.

1. Le Calvaire. . . . .
2. Le Christ au jardin des Oliviers. . . . . . }
3. Sainte Adélaïde faisant l'aumône. . . . . . } Par M. LARIVIÈRE.
4. Saint Arnould lavant les pieds des pèlerins. . . }

Grand vitrail de gauche.

5. Saint Philippe, sainte Amélie, saint Ferdinand, sainte Clotilde, saint Denis, sainte Geneviève. } Par M. INGRES.

Grand vitrail de droite.

6. Saint Louis, sainte Isabelle, saint Germain, sainte Radegonde, saint Remi, sainte Batilde. }

GALERIES BASSES.

Côté gauche.

7. Saint Louis rendant la justice sous le chêne de Vincennes . . . . } Par M. ROUGET.
8. Saint Louis rapportant à Saint-Denis la couronne d'épines. . . . . } Par M. JACQUAND.
9. La bataille de Taillebourg. . . . . Par M. DELACROIX.

CHAPELLE SÉPULCRALE DE DREUX.

10. Saint Louis remettant la régence à la reine sa mère. . . . . } Par M. VATHIER.
11. Saint Louis débarquant à Tunis. . . . . . Par M. HORACE VERNET.   Côté droit.
12. Saint Louis au tombeau de sa mère. . . . . Par M. BOUTON.
13. Saint Louis prenant l'oriflamme à Saint-Denis avec ses fils. . . . . } Par M. FLANDIN.
14. La mort de saint Louis. . . . . Par M. ROUGET.

CHAPELLE DE LA VIERGE.

15. La Foi. . . . . }
16. L'Espérance. . . . . } Par M. ZIEGLER.   Côté gauche.
17. La descente de croix. . . . . Par M. BOULANGER.   Autel.
18. La Charité. . . . . }
19. L'Ange gardien. . . . . } Par M. ZIEGLER.   Côté droit.

  Outre les dix-neuf grands vitraux dont nous venons d'indiquer les sujets et de nommer les auteurs, on admire particulièrement celui qui est entièrement rond, et qui, au sommet de la voûte du dôme, la ferme horizontalement en l'éclairant de la manière la plus magique. Ce bel ouvrage, composé par M. Larivière, et exécuté, comme tous les autres vitraux de la chapelle, dans les ateliers de la manufacture royale de Sèvres, sous la direction de M. Brongniart, est, au dire de tous les hommes de l'art, ce qui jusqu'ici a été fait de plus remarquable dans ce genre. La dimension du cercle est de cinq mètres; le sujet représenté est la Vierge au milieu des douze apôtres.

SCULPTURES ET BAS-RELIEFS

qui décorent l'intérieur de la chapelle de Dreux.

CHŒUR ET DÔME DE L'ÉGLISE.

BAS-RELIEFS.

Tympan de la voûte du bras de la croix. Côté gauche.	L'Assomption.	Par M. BONNASSIEU.
Côté droit.	L'Adoration des bergers.	Par M. CHAMBARD.
Pendentifs du dôme.	Saint Jean. . . . . Saint Luc. . . . . Saint Mathieu. . . . . Saint Marc.	Par M. MILHOMME.
Bas-reliefs des piliers du dôme. Côté des autels.	Sainte Adélaïde. . . . . Sainte Amélie.	Par M. SEURRE.
Bas-reliefs des piliers du dôme. Côté de l'entrée.	Saint Ferdinand. . . . . Saint Arnould.	Par M. NANTEUIL.

STATUES.

Statues sur les petits autels.	Saint Louis.	Par M. NANTEUIL.
	Saint Philippe.	Par M. SEURRE.

CHAPELLE DE LA VIERGE.

BAS-RELIEFS.

L'Annonciation. . . . . La Visitation. . . . . La Nativité. . . . . La Présentation. . . . . L'Assomption.	Par M. LIÉNARD.

CHAPELLE SÉPULCRALE DE DREUX.

INSCRIPTIONS GRAVÉES SUR LES TOMBES,

AVEC LA TRADUCTION FRANÇAISE EN REGARD.

Tombe de S. A. R. Madame la Duchesse douairière d'Orléans.

CONSEPULTA JACET SUB HOC LAPIDE,
CUM OSSIBUS MAJORUM SUORUM PIE COLLECTIS,
LUDOVICA, MARIA, ADELAIS DE BOURBON-PENTHIÈVRE,
DUCISSA AURELIANENSIS,
QUÆ HANC ÆDEM AUSPICATA
FILIO SUO LUDOVICO PHILIPPO FRANCORUM REGI
PERFICIENDAM,
IBI IPSA QUIEVIT,
ANNO ÆTATIS LXVIII, 23 JUN. MDCCCXXI.

Pertransiit benefaciendo.

ACT., X, 38.

SOUS CETTE PIERRE GIT ENSEVELIE,
AVEC LES RESTES DE SES AÏEUX QU'ELLE A
PIEUSEMENT RASSEMBLÉS,
LOUISE-MARIE-ADÉLAIDE DE BOURBON-PENTHIÈVRE,
DUCHESSE D'ORLÉANS,
QUI AYANT COMMENCÉ LA CONSTRUCTION DE CETTE
ÉGLISE DESTINÉE A ÊTRE ACHEVÉE PAR SON FILS
LOUIS-PHILIPPE, ROI DES FRANÇAIS,
S'Y EST REPOSÉE ELLE-MÊME,
A L'AGE DE 68 ANS, LE 23 JUIN 1821.

Elle a passé en faisant le bien.

ACT., X, 38.

Tombe de Madame la Duchesse de Bourbon.

HIC JACET LUDOVICA, BATHILDIS AURELIANENSIS,
DUCISSA DE BOURBON,
IN SANCTÆ GENOVEFÆ ÆDE,
MEDIO DEI IN HONORE DEFUNCTA
ANNO ÆTATIS LXXII, 10. JAN. MDCCCXXII.

Beati mortui qui in Domino moriuntur.

APOC., XIV, 13.

ICI REPOSE LOUISE-BATHILDE D'ORLÉANS,
DUCHESSE DE BOURBON, MORTE DANS L'ÉGLISE
DE SAINTE-GENEVIÈVE, AU MILIEU DE L'HONNEUR
QU'ELLE ÉTAIT ALLÉE RENDRE A DIEU,
A L'AGE DE 72 ANS, LE 10 JANVIER 1822.

Heureux les morts qui meurent dans le Seigneur.

APOCALYPSE, XIV, 23.

Tombe de Madame la Princesse Marie, Duchesse de Wurtemberg.

HUC TRANSVECTA EST A PISA, UBI DIEM SUPREMUM OBIIT,
AD QUIESCENDUM INTER SUOS,
MARIA, CHRISTINA, CAROLA, ADELAIS, FRANCISCA,
DUCISSA DE WURTEMBERG,
QUÆ,
VIRTUTUM OMNIUM NEC NON INGENUARUM ARTIUM
CULTU NOBILITATA,
POST BREVEM IN TERRIS VITÆ DECURSUM,
FELICITER IN DOMINO OBDORMIVIT,
ANNO ÆTATIS XXV, 2 JAN. MDCCCXXXIX.

Placita erat illius anima Deo;
ideo properavit educere illam.

SAP., IV, 14.

ICI A ÉTÉ TRANSPORTÉE DE PISE,
OU ELLE A RENDU LE DERNIER SOUPIR,
POUR REPOSER AU MILIEU DES SIENS,
MARIE-CHRISTINE-CAROLINE-ADÉLAIDE-FRANÇOISE,
DUCHESSE DE WURTEMBERG,
QUI, HONORÉE PAR LE CULTE DES ARTS
ET DE TOUTES LES VERTUS, APRÈS UN COURT
PASSAGE SUR LA TERRE,
S'EST ENDORMIE HEUREUSEMENT DANS LE SEIGNEUR,
A L'AGE DE 25 ANS, LE 2 JANVIER 1839.

Son âme était agréable à Dieu;
c'est pourquoi il s'est hâté de la retirer du monde.

SAGESSE, IV, 14.

Tombe de S. A. R. le Duc d'Orléans.

AMANTISSIMUM DILECTISSIMUMQUE FILIUM
ET SPERATUM SUCCESSOREM,
FERDINANDUM, PHILIPPUM, LUDOVICUM, CAROLUM, HENRICUM,
DUCEM AURELIANENSEM,
MORTE ACERBISSIMA PRÆREPTUM,
ANNO ÆTATIS XXXI, 13 JUL. MDCCCXLII,
SUISQUE ET UNIVERSÆ GALLIÆ SEMPER LUGENDUM
HOC SEPULCRO CONDIDIT
PATER LUDOVICUS PHILIPPUS, FRANCORUM REX.
MDCCCXLIV.

In charitate perpetua dilexi te, ideo attraxi te miserans.

JEREM., XXXI, 3.

LE FILS LE PLUS TENDRE ET LE PLUS CHÉRI,
L'HÉRITIER ESPÉRÉ DU TRONE,
FERDINAND-PHILIPPE-LOUIS-CHARLES-HENRI,
DUC D'ORLÉANS,
ENLEVÉ PAR UNE MORT DOULOUREUSE ET PRÉMATURÉE
A L'AGE DE 31 ANS, LE 13 JUILLET 1842,
ET A JAMAIS REGRETTABLE POUR LES SIENS ET POUR LA FRANCE,
A ÉTÉ DÉPOSÉ DANS CE TOMBEAU PAR SON PÈRE,
LOUIS-PHILIPPE, ROI DES FRANÇAIS, 1844.

Je t'ai aimé d'un amour éternel,
c'est pourquoi je t'ai appelé à moi dans ma miséricorde.

JÉRÉMIE, XXXI, 3.

CHAPELLE SÉPULCRALE DE DREUX.

Tombe de Mademoiselle de Montpensier.

FRANCISCA, LUDOVICA, MARIA AURELIANENSIS,
PUELLA VIX BIENNIS,
IN COELUM A DEO REVOCATA,
OBIIT 21 MAII MDCCCXVIII.

Quasi flos egreditur et conteritur.

JOB, XIV, 2.

FRANÇOISE-LOUISE-MARIE D'ORLÉANS,
JEUNE FILLE A PEINE AGÉE DE DEUX ANS, QUE DIEU
A RAPPELÉE DANS LE CIEL, EST MORTE LE 21 MAI 1818.

Semblable à la fleur qui à peine éclose est abattue.

JOB, XIV, 2.

Tombe du jeune Duc de Penthièvre.

CAROLI, PHILIPPI, EMMANUELIS AURELIANENSIS,
DUCIS DE PENTHIÈVRE,
QUI VITA VIX DUM INCHOATA DECESSIT,
ANNO ÆTATIS VIII, 25 JUL. MDCCCXXVIII,
HIC OSSA QUIESCUNT.

Sinite parvulos venire ad me.

MARC., X, 14.

CHARLES-PHILIPPE-EMMANUEL D'ORLÉANS,
DUC DE PENTHIÈVRE, DONT LA VIE
S'ACHEVA A PEINE COMMENCÉE, A L'AGE DE HUIT ANS,
LE 25 JUILLET 1828,
REPOSE SOUS CETTE PIERRE.

Laissez venir à moi les petits enfants.

SAINT MARC, X, 14.

Tombe du Prince de Conti.

RELIQUIAS
LUDOVICI, FRANCISCI, JOSEPHI DE BOURBON,
PRINCIPIS DE CONTI,
BARCINONE PRIMUM UBI EXUL DEFUNCTUS ERAT
ANNO ÆTATIS LXXIX, 10 MART. MDCCCXIV,
IN SANCTI FRANCISCI MONACHORUM ÆDE SEPULTAS,
AC POSTEA DELETO EX MONASTERIO SUBLATAS
HIC INTER SUORUM OSSA EXCEPIT
LUDOVICUS PHILIPPUS, FRANCORUM REX.

Sedimus et flevimus cum recordaremur Sion.

PS. CXXXVI, 1.

LES RESTES DE LOUIS-FRANÇOIS-JOSEPH DE BOURBON,
PRINCE DE CONTI,
CONSERVÉS D'ABORD A BARCELONE, OU IL ÉTAIT MORT EXILÉ,
A L'AGE DE 79 ANS, LE 10 MARS 1814,
DANS L'ÉGLISE DES FRANCISCAINS, ET ENLEVÉS
ENSUITE DE CE COUVENT DÉTRUIT,
ONT ÉTÉ RECUEILLIS, PARMI LES OSSEMENTS DE SA FAMILLE,
PAR LOUIS-PHILIPPE, ROI DES FRANÇAIS.

Nous nous sommes assis et nous avons pleuré
en nous rappelant le souvenir de Sion.

PSAUME CXXXVI, 1.

Conclusion.
Janvier 1847.

Bien qu'au moment où nous écrivons ces lignes, il reste encore beaucoup de choses à faire pour donner à la chapelle sépulcrale de Dreux toute la magnificence projetée et tous les accessoires nécessaires ;

Bien que les statues en marbre, commandées aux sculpteurs les plus habiles pour être placées sur les tombes, savoir : la statue de S. A. R. Madame la duchesse douairière d'Orléans, par M. Barre fils ; S. A. R. Madame la princesse Marie, duchesse de Wurtemberg, par M. Scheffer; S. A. R. le duc d'Orléans, par M. Scheffer; S. A. R. la duchesse de Bourbon, par M. Vimart ; la princesse Françoise, par M. Pradier ; le jeune duc de Penthièvre, par M. Pradier, ne soient pas encore terminées et mises en place ;

Bien qu'après avoir racheté, pour l'entier isolement de l'établissement de la sépulture royale, différentes parties de terrains qui, dans les temps antérieurs, avaient été détachées, vendues ou envahies, il y ait encore bon nombre d'acquisitions à entreprendre ou de restitutions à réclamer ;

Bien qu'en respectant soigneusement, comme par le passé, les droits, et en ménageant avec équité les intérêts communaux de la ville de Dreux, il reste encore plusieurs améliorations à réclamer dans la disposition générale et dans les abords de la chapelle;

Bien qu'en plusieurs points on puisse remarquer l'intention formelle d'ajouter aux constructions déjà faites d'autres ouvrages importants, et, entre autres, celui du clocher ou campanile qui, bâti provisoirement en charpente au delà du pont, derrière le chevet de l'église, sera incessamment élevé isolément en pierre à une très-grande hauteur, et contiendra la sonnerie des cloches qui chaque jour appellent les habitants du canton aux célébrations du service divin;

Enfin, bien que malgré les grandes dépenses auxquelles des travaux aussi considérables ont jusqu'ici donné lieu, on doive, en voyant ce qui existe, penser que d'autres ouvrages non moins importants auraient été immédiatement entrepris, et qu'ils seraient entièrement achevés si les ressources pécuniaires du trésor de la couronne eussent été égales à l'ardeur et à l'empressement avec lesquels le Roi, constamment occupé de ce qui peut contribuer au bien, à la gloire et au bonheur de la France, cherche sans cesse, à Dreux comme partout ailleurs, les moyens d'améliorer, d'embellir et de porter à la plus haute perfection les choses confiées à sa haute sagesse et à ses rares talents;

Il est évident que la chapelle sépulcrale de Dreux, consacrée à tout jamais, par le roi Louis-Philippe, à la vénération et à la mémoire des princes et princesses de la dynastie régnante en France, est aujourd'hui, au dire des artistes et des nombreux étrangers qui la visitent chaque jour, ce qu'il y a en Europe de plus généralement admiré dans ce genre.

www.ingramcontent.com/pod-product-compliance
Lightning Source LLC
Chambersburg PA
CBHW060937050426
42453CB00009B/1045